Stu Lang
Photography ©

Stu Lang
Photography ©

Photography ©

Stu Lane
Photography ©

Stu Lang
Photography ©

Stu Lang
Photography ©

Stu Lang
Photography ©

Stu Lang
Photography ©

Stu Lang
Photography ©
Stu Lang
Photography©

Stu Lang
Photography©

Stu Lang
Photography©

Stu Lang
Photography ©

Stu Lang Photography©

Stu Lang
Photography ©

Stu Lang
Photography ©

Stu Lang
Photography ©

www.ingramcontent.com/pod-product-compliance
Lightning Source LLC
Chambersburg PA
CBHW081125280526
45787CB00007B/2987
* 9 7 8 1 5 3 3 4 0 8 8 4 6 *